# COCTELES Y BEBIDAS

## *Para Fiestas*

LOUIS ADAMS

ULTRAMAR

Industria, s/n. - Pol. Industrial Sur
08450 Llinars del Vallés (Barcelona)
Imprime: Gráficas 94, S.L.
Sant Quirze del Vallès
(Barcelona)
Printed in Spain - Impreso en España
Depósito Legal: B.1.088-2003
ISBN: 84-7386-977-X
E-MAIL: ultramar@javajan.com

# Introducción

Es indudable que jamás se sabrá con certeza ni cuándo ni dónde aprendió el hombre por primera vez el placer de degustar esas bebidas tan misteriosamente transformadas ni cuándo descubrió la fermentación.

Según una leyenda china, este descubrimiento se remonta a la época de los «Emperadores Amarillos», en la China más antigua, cuando una calabaza llena de zumo de albaricoque dejada a la sombra de la cabellera de P'an Ku quedó expuesta al sol y se transformó en una deliciosa bebida embriagadora. P'an Ku, con ayuda de sus dragones, un licomio, un fénix y una tortuga, creó el mundo chino. Después de su muerte, la leyenda dice que los árboles y las plantas fueron sus cabellos, los ríos la sangre que fluía por sus venas, el viento el aire que respiraba, y el trueno su voz. En estas condiciones ¿por qué no atribuirle también el secreto de la fermentación?

Los chinos, que veneraban a los antepasados y a los espíritus, ofrecían a éstos sacrificios en forma de bebidas fermentadas. Los indios ofrecían a sus divinidades el *soma* que preparaban con plantas. Los aztecas solían cortar las flores de la pita y dejar fermentar la sustancia que fluía en los cortes. Por su parte, los mongoles hacían fermentar la leche de burra en odres de cuero para obtener el *kumí*.

Fueron los árabes, con su culto a los perfumes, los que refinaron el arte de la extracción de las esencias de las flores y las especias, y pusieron en marcha los primeros alambiques. Los árabes se embriagaban con el perfume de las rosas y los girasoles, como un dichoso paliativo esperando refrescarse en los «ríos de vino», según la promesa del Profeta en premio a su abstinencia.

Al parecer, fueron los moros

los que introdujeron la técnica de la destilación en Europa, donde pronto se fabricaron los alcoholes fuertes.

En el siglo XVIII, con el descubrimiento de las propiedades de la absenta, apareció en Francia un licor verde y amargo del mismo nombre; al mismo tiempo, los hermanos Cinzano fabricaban ya un vermut todavía célebre hoy día.

Fue tres siglos después de los descubrimientos de los grandes navegantes que aparecieron en Europa las especialidades alcoholizadas llegadas de los trópicos: la angostura, creada por un médico alemán establecido en Venezuela, el curaçao, producido por los holandeses a partir de cortezas de naranjas amargas de sus «Islas de Sotavento», que inspiró la receta del Cointreau a la familia angevina del mismo nombre.

Es decir, en todas las épocas, y desde tiempos muy lejanos, los hombres han tratado de modificar el sabor de las bebidas y el arte de mezclar siempre ha estado rodeado de una aureola de misterio. La mitología y la historia ofrecen varios ejemplos: Circe ofreció a Ulises una bebida tan embriagadora que podía retenerlo a su lado, y el *bowle*, o vino aromatizado, se remonta al Imperio Romano.

En el siglo IX, los cocineros de los sultanes turcos tuvieron la idea de perfumar el jugo de agua de rosas para obviar la prohibición de consumir alcohol, impuesta por Mahoma. El grog nació en el mar, cuando la ración de alcohol de los marinos ávidos de ron se mezcló con agua. Peter Minnevit, enviado del gobiemo holandés, les pidió (y obtuvo) a los jefes indios la isla de Manhattan, ofreciéndoles ron mezclado con agua y un cajón de chucherías sin valor.

Sin embargo, fue preciso aguardar la aparición de los primeros bares norteamericanos para que los combinados de bebidas alcohólicas adquiriesen carta de nobleza. Ya en 1806, el periódico *The Ballance* escribió con conocimiento de causa:

«... los cócteles son bebidas vivificantes... y se asegura que tienen una gran utilidad en las campañas electorales».

El término inglés *cock-tail,* literalmente «cola de gallo», existía desde comienzos del siglo XIX. Sobre el origen de este término circulan las historias más fantasiosas y más increíbles. Pero todas están de acuerdo en un punto: fue en Norteamérica donde se inventó. Los primeros bares se abrieron allí y los primeros cócteles dignos de este nombre fueron allí creados. También el primer libro de recetas se editó en Norteamérica en 1862. Los dueños de los bares norteamericanos, y especialmente los cubanos, se convirtieron en los príncipes de este nuevo arte, a la manera de los grandes gastrónomos europeos.

Debemos a su gusto por los viajes la apertura de los primeros bares norteamericanos y más tarde de los bares de cócteles en toda Europa, y luego en el resto del mundo, ya que los oficiales colonialistas no quisieron renunciar a estas bebidas fuertes y heladas, que tanto les complacían.

Más adelante, el arte de los combinados abandonó los bares para introducirse en las casas particulares. La confección de Bebidas Cortas —cócteles y batidos—; Bebidas largas: Cobblers, Julepes, Fizz, Sours, Collins, Coolers, Highballs, Daisies, Flips, Crustas, Slings, sin olvidar todas las variedades de bebidas de fantasía, ya no son sólo un privilegio de los *barman*.

Como en todo, lo más difícil es empezar. Por tanto, aquí ofrecemos unos consejos que ayudarán a ser pronto un maestro en la presentación de los cócteles. Hay que respetar exactamente las cantidades y las proporciones dadas.

La coctelera es útil para la preparación de bebidas cuyos

ingredientes es difícil mezclar. Se llena hasta la mitad de hielo, luego se vierten los ingredientes a combinar y se agita vigorosamente, sosteniendo la coctelera horizontal durante 10 segundos para que el hielo no pueda fundirse. Después, se vierte la mezcla en un vaso, con ayuda de un colador.

En el mezclador se preparan los cócteles cuyos ingredientes se mezclan fácilmente. Se llena hasta la mitad de hielo, se vierten luego los ingredientes, se agita con la cuchara de bar (mango muy largo) y se pasa el contenido al vaso. Hay que tener bien en cuenta las instrucciones relativas a la naturaleza del hielo. Para fabricar hielo machacado, es conveniente colocar el hielo envuelto en un lienzo y luego picarlo con un martillito. En cambio, para obtener hielo en pajuelas se necesita un aparato especial. Para las bebidas frescas servidas sin cubitos, hay que poner antes los vasos en el refrigerador. Todos los combinados deben servirse tan pronto se hayan preparado ya que tienen tendencia a perder fácilmente su frescor. Para poder dominar con maestría el arte de confeccionar los cócteles, se necesitan ciertos utensilios básicos que describimos aquí:

***Coctelera:*** está reservada a la confección de combinados cuyos ingredientes son difíciles de mezclar.

***Mezclador:*** se utiliza para los ingredientes que no deben helarse sino sólo batirse. Su contenido es de 1 litro aproximadamente.

***Vaso graduado:*** simplifica la dosificación de los diversos ingredientes.

Los preparados en coctelera o en el vaso de mezclas se filtran a través de un colador de cóctel que retiene el hielo.

***Cuchara de bar:*** gracias a su largo mango sirve para agitar los ingredientes en el vaso. Su contenido equivale al de una cucharilla de café.

***El frasco cuentagotas:*** es un frasquito equipado con un cuentagotas.

Los cubitos de hielo se conservan en un balde apropiado. Dentro de lo posible, dicho balde debe estar provisto de un tamiz en su fondo. Son indispensables las pinzas para cubitos.

***Un mallo o martillito es muy útil para machacar el hielo.***

En el comercio se hallan pinchafrutas de todas las formas, tamaños y colores, para la decoración de los vasos.

A fin de no encontrarse desprovisto, es conveniente disponer de un sacacorchos, un abridor, un prensa-agrios, un cuchillo para agrios, tapones y pajitas.

# DELICIA DE ADÁN

## Delicia de Adán

*Tiempo:* 15 min.
*Raciones:* 1

**Ingredientes**

*La pulpa de un mango cortada a daditos,*
*4 cl. de jarabe de mango,*
*4 cl. de zumo de lima,*
*1/2 cucharadita de azúcar (como máximo),*
*una punta de vainilla,*
*1/2 cucharadita de corteza de lima rallada,*
*hielo machacado,*
*2-3 cubitos.*

Para decorar:
*1 rodaja de lima.*

Se pasa la pulpa del mango por la batidora. Se mete el hielo machacado en la coctelera, añadiendo el jarabe de mango, el zumo de lima, el azúcar, la vainilla y la corteza rallada de lima, y se hiela bien. Se pone la pulpa de mango batida en un vaso de cristal, previamente enfriado, y se agita. Se añaden los cubitos, se decora con una rodaja de lima y se sirve con una paja. Esta bebida, muy apreciada en los días cálidos, puede tomarse a cualquier hora.

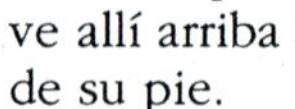

En las hermosas noches, claras y estrelladas, del trópico, de enero y febrero, los Sri Lankas ascienden en largas procesiones con antorchas al mítico pico de Adán. Tras una penosa ascensión de 5.000 peldaños, se ve allí arriba la huella de su pie.

# AIR JERUK

## Air jeruk

*Tiempo:* 20 min.
*Raciones:* 1

**Ingredientes**

*2-3 naranjas grandes,*
*3 cucharaditas de azúcar,*
*1/4 de bastoncito de canela (2-3 cms.),*
*3 clavos de especia.*

*Para decorar:*
nuez moscada rallada.

Se exprimen las naranjas, se lleva a ebullición su zumo con el azúcar, la canela y los clavos de especia en un recipiente de vidrio o de barro que resista el calor, y se deja hervir unos diez minutos. Luego, se vierte el zumo en un vaso, se salpica con nuez moscada rallada y se sirve caliente en cualquier momento del día.

❖

En los países de clima tórrido, el que ha gustado los zumos calientes de los frutos los prefiere a todas las demás bebidas refrescantes. «Ellas hacen el calor menos intenso y el sol menos ardiente, la calina menos asfixiante y la atmósfera menos sofocante», se lee en un libro de remedios indonesios. A falta de flores de mirística y de áloes, este filtro de amor, aunque incompleto, es una bebida deliciosa.

# PONCHE AZTECA

## Ponche azteca

*Tiempo:* 20 min.
*Raciones:* 4

**Ingredientes**

*1 botella de tequila,*
*1/2 bastón de canela,*
*2 dl. de zumo de pomelo,*
*zumo de 2 limones,*
*1 lima y 2 naranjas, exprimidas,*
*2 tazas de té caliente azucarado*

En una cacerola se calienta hasta la ebullición el tequila, la canela, y los zumos de fruta exprimida. Se añade el té, se retira el bastón de canela y se sirve el ponche en vasos resistentes al calor, previamente calentados. El sabor azucarado de esta bebida puede atemperarse por la cantidad de azúcar añadida al té. El Ponche Azteca es una bebida caliente para las noches frescas.

❖

Tequila, localidad Mexicana de Jalisco, dio su nombre a este aguardiente obtenido a partir de la savia de la pita. Los mariachi mexicanos son músicos ambulantes que, ataviados con trajes regionales de gentileshombres de principios del siglo XIX, tocan la música popular de antaño.

# BALATON COBBLER

## Balaton cobbler

*Tiempo:* 10 min.
*Raciones:* 1

**Ingredientes**

*2 cl. de Barack Pálinka (aguardiente de albaricoque),*
*2 cl. de coñac de melocotón,*
*2 cl. de licor de albaricoque, champán o vino espumoso para completar, con hielo machacado.*

Para decorar:
*albaricoques, melocotones y cerezas.*

Se llena un vaso de cóctel con el hielo hasta la mitad. Se añaden la Barack Pálinka, el licor de albaricoque y el de melocotón y se revuelve bien. Se echan las frutas, completando con champán o un espumoso, y se sirve con una pajita. Esta bebida es ideal para la hora del té o en una velada.

❖

No se conoce la parte de verdad que hay a propósito del aguardiente de albaricoques húngaro: «Towarischtschi, dijo un ruso a los ediles de Keeskemél, bebamos a la salud del inventor de la Barack.» «No podemos hacerlo, objetaron los ediles. La Barack se descubrió en Florida». La Barack se destila a partir de los albaricoques y sus huesos, y contienen un poco de ácido cianhídrico.

# RUSIA NEGRA

## Rusia negra

*Tiempo:* 10 min.
*Raciones:* 1

**Ingredientes**

*4 cl. de vodka,*
*2 cl. de Kahlúa (licor mexicano producido con tequila y granos de café),*
*cubitos de hielo.*

Échense los cubitos en la coctelera, se añaden el vodka y la Kahlúa y se agita bien durante 10 segundos; luego se cuela a un vaso de cóctel o una copa de cristal.
El Rusia Negra se ofrece después de las comidas.

❖

La receta del Rusia Negra, reproducida sobre cuadrados de seda, ha dado la vuelta al mundo. Al lado de otras recetas, esos pequeños cuadrados de seda representan el retrato de Gustave Tops, jefe de camareros del hotel Metropol de Bruselas durante muchos años. Quien formaba parte del círculo de clientes privilegiados de Gustave Tops, «Gus» para los amigos, recibía en el momento del adiós un pequeño cuadrado en señal de amistad.

# BLOODY MARY

## Bloody Mary

*Tiempo:* 10 min.
*Raciones:* 1

**Ingredientes**

*5 cl. de vodka,*
*10 cl. de zumo de tomate,*
*1 zumo de 1/2 limón exprimido,*
*2 chorritos de salsa Worcester,*
*1 chorrito de tabasco,*
*sal,*
*pimienta,*
*cubitos de hielo.*

Se echan los cubitos en la coctelera, se añaden el vodka, y el zumo de tomate, se aclara con el zumo de limón, la salsa Worcester, y se incorporan el tabasco, una pizca de sal y pimienta, y se agita fuertemente. Esta mezcla se cuela a un vaso para naranjada y se sirve al instante.

❖

El Bloody Mary, literalmente, María la Sangrienta, es una creación del barman Ferdinand L. Petiot. En el bar del St. Regis Sheraton de Nueva York, durante una larga noche de invierno de 1920, tuvo la idea de mezclar vodka con zumo de tomate. Al principio, los nombres fueron más originales que apetitosos. Así, este cóctel se denominó primero «Cubeta de sangre», luego «Bombón rojo fulminante», y final y definitivamente, «Bloody Mary».

# BUCANERO

## Bucanero

*Tiempo:* 10 min.
*Raciones:* 1

**Ingredientes**

*1 cl. de leche de coco,*
*3 cl. de ron negro,*
*2 cl. de ron blanco,*
*1 cl. de curaçao triple seco,*
*1 cl. de zumo de lima,*
*3 cl. de zumo de piña tropical sin azucarar,*
*cubitos de hielo.*

Se meten los cubitos en la coctelera, se añaden la leche de coco, el ron, el triple seco, el zumo de lima y el de piña. Se bate bien y se cuela a un vaso grande lleno de cubitos de hielo. Se sirve con una pajita tan pronto está preparado. Este cóctel es excelente para beberlo después de las comidas.

De todos los bucaneros que instalaron sus refugios en las Islas Vírgenes del Caribe, el personaje de Francis Drake es el que predomina especialmente. Con su «Golden Hind», robó el oro de los españoles y se enriqueció considerablemente al mismo tiempo que su reina. Felipe II, el piadoso rey católico, de España, veía colérico cómo el botín de los corsarios desaparecía en las arcas del Tesoro de la Inglaterra protestante.

Liqueur

# BULA TALEI

## Bula Talei

*Tiempo:* 15 min.
*Raciones:* 1

**Ingredientes**
*4 cl. de ron,*
*4 cl. de zumo del fruto de la pasión,*
*1 cl. de zumo de lima,*
*1 cl. de jarabe de azúcar,*
*hielo machacado,*
*cubitos de hielo.*

Para decorar:
*1 rodaja de naranja,*
*1 flor*

Se echa el hielo machacado en la coctelera, se añaden el ron, los zumos de frutas y el almíbar, se agita fuertemente y se cuela a un vaso lleno de cubitos en sus dos tercios. Se decora con una rodaja de naranja y una flor y se sirve el Bula Talei a principios de la noche o después de la cena.

❖

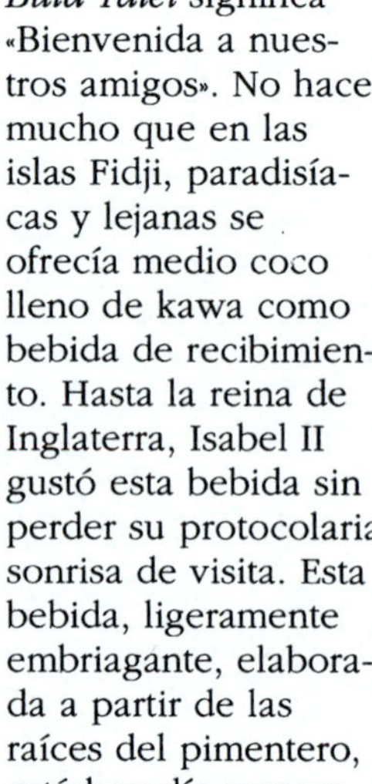

*Bula Talei* significa «Bienvenida a nuestros amigos». No hace mucho que en las islas Fidji, paradisíacas y lejanas se ofrecía medio coco lleno de kawa como bebida de recibimiento. Hasta la reina de Inglaterra, Isabel II gustó esta bebida sin perder su protocolaria sonrisa de visita. Esta bebida, ligeramente embriagante, elaborada a partir de las raíces del pimentero, está hoy día reservada a los insulares y a sus ceremonias.

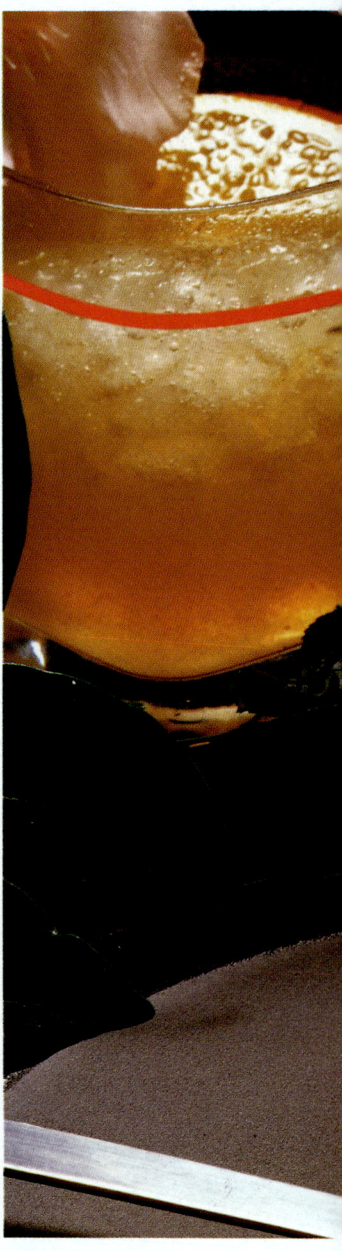

# CASABLANCA

## Casablanca

*Tiempo:* 15 min.
*Raciones:* 1

**Ingredientes**
*4 cl. de ron blanco,*
*4 cl. de zumo de piña tropical,*
*4 cl. de leche de coco,*
*1 cl. de granadina,*
*cubitos de hielo.*

Para decorar:
*1/4 de rodaja piña, y guindas.*

Se echan los cubitos, el ron, el zumo de piña, la leche de coco y la granadina en la coctelera. Se agita bien y se cuela el combinado a un vaso de Borgoña. Se hace una incisión en la rodaja de piña, y se inserta en el borde del vaso, se ensartan las cerezas en un pinchafrutas, y éste en la piña. El Casablanca se bebe a cualquier hora del día, aunque se aconseja evitarlo justo antes de una comida.

❖

El Café Americano de Rick, llamado más tarde Bar de Rick, el night-club de la película Casablanca, ya no existe. Asimismo, la melodía «El tiempo pasará», se ha ido desvaneciendo con el tiempo. Sin embargo, Humphrey Bogart e Ingrid Bergman han quedado en nuestra memoria y este cóctel ha sobrevivido al Bar de Rick.

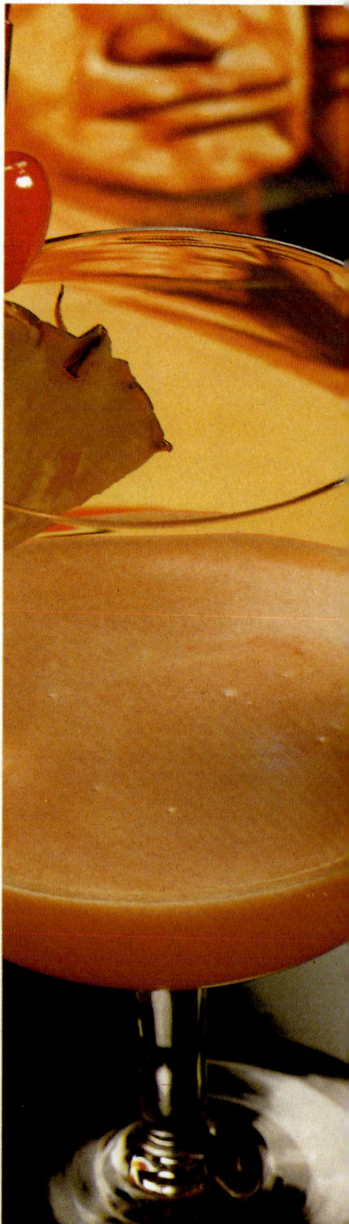

# LECHE CON CASSIS

## Leche con cassis

*Tiempo:* 10 min.
*Raciones:* 1

**Ingredientes**
2 *dl. de leche,*
2 *cl. de crema de cassis (el cassis es en realidad, licor de grosella).*

En un vaso grande se mezclan el cassis y la leche y se sirve. Para obtener una bebida muy fría, puede utilizarse leche helada. Esta receta de base puede mejorarse deliciosamente añadiendo 2 cucharadas soperas de hielo al cassis. Esta bebida puede tomarse por la tarde y por la noche.

❖

Se dice que Sarah Bernhard, la gran actriz que vivía sus personajes y daba su vida en las representaciones, bebía preferentemente un vaso de leche con cassis (grosella) por la noche. Tal vez fuese éste el secreto de su voz de oro. Tal vez fuese solamente una acción publicitaria, ya que esa gran actriz de la Comedia Francesa no fue sólo una gran trágica sino también una de las figuras más publicitarias de su época.

# CUBA LIBRE

## Cuba libre

*Tiempo:* 10 min.
*Raciones:* 1

**Ingredientes**
*El zumo de 1/2 limón prensado,*
*5 cl. de Bacardí (u otro ron blanco y ligero),*
*12 cl. de coca cola,*
*cubitos de hielo.*

Para decorar:
*1 rodaja de limón.*

Se echan los cubitos (o hielo machacado) en un vaso grande, se añade el zumo de limón y el ron y se completa con la coca-cola. Se decora con la rodaja de limón y se sirve con una pajita. Este cóctel es muy apreciado en las tardes o noches calurosas.

❖

El Cuba Libre se descubrió cuando La Habana tenía todavía, para los turistas norteamericanos, la fama de ser un alegre paraíso de juergas y aventuras. En aquella época, no sólo los cubanos y los norteamericanos estaban en buenas relaciones, sino que el Bacardí —ron blanco ligero—, y la Coca Cola mantenían estas mismas buenas relaciones, y hay que tener en cuenta que ésta es una bebida que sube fácilmente a la cabeza.

CONTENTS 70 CL.

# CHOCOLATE HELADO

## Chocolate helado

*Tiempo:* 15 min.
*Raciones:* 1

**Ingredientes**
*100 gr. de chocolate,*
*1/4 de litro de leche,*
*1 bolita de hielo a la vainilla,*
*1 cucharadita de ron.*

Para decorar:
*2 cucharadas soperas de nata batida y azucarada,*
*una cucharadita de chocolate en copitos.*

Se funde el chocolate al baño maría, bien diluido en la leche caliente y se mete en el refrigerador. Se coloca la bola de hielo en un vaso con pie y borde alto, se riega con el ron y se completa con la leche achocolatada en frío. Se decora con la nata batida y se salpica con los copos de chocolate. El chocolate helado se sirve como postre.

❖

En los siglos XVII y XVIII, el chocolate era la bebida de la alta sociedad. Se preparaba a la sazón una mezcla espesa y nutritiva con mucho azúcar y aromáticos. En 1920, el descubrimiento del chocolate para masticar por Van Houten no tuvo, en Austria, más que un éxito limitado, y la predilección de los austríacos por el chocolate en forma de bebida subsistió muchos años.

# GIN-FIZZ

## Gin-Fizz

*Tiempo:* 10 min.
*Raciones:* 1

**Ingredientes**
*2 cucharadas de bar de almíbar,*
*2 cl. de zumo de limón,*
*4 cl. de gin seco,*
*agua gaseosa,*
*cubitos de hielo.*

Se echan los cubitos en la coctelera, se vierte en ella el almíbar, el zumo de limón y el gin, y se agita con vigor. Se cuela a un vaso de cristal, se completa con agua gaseosa helada y se sirve con una pajita. El Gin-Fizz es una bebida refrescante que siempre gusta.

❖

Fizz en inglés significa silbar, espumar, burbujear. Los Fizz son, pues, bebidas largas que se completan con agua gaseosa o champán. Deben servirse muy frescos, helados rápidamente y tomados tan pronto se preparan. Los Fizz han hecho carrera en los bailes norteamericanos. Se beben de prisa para que no se malogren y poder consagrarse al baile siguiente. El Gin-Fizz es un clásico entre los Fizz.

# OCASO DE ORO

## Ocaso de oro

*Tiempo:* 15 min.
*Raciones:* 1

**Ingredientes**

- 1 *cl. de zumo de pomelo,*
- 2 *cl. de zumo de lima,*
- 1 *cucharada de bar de almíbar (facultativo),*
- 2 *cl. de granadina, hielo machacado.*

Se echa una parte del hielo en la coctelera, añadiendo el zumo de pomelo y lima, el almíbar y la granadina, y se agita fuertemente. Se llena un vaso de naranjada hasta un tercio de hielo machacado y se cuela la mezcla sobre este hielo. Se sirve con una pajita por la tarde o la noche.

❖

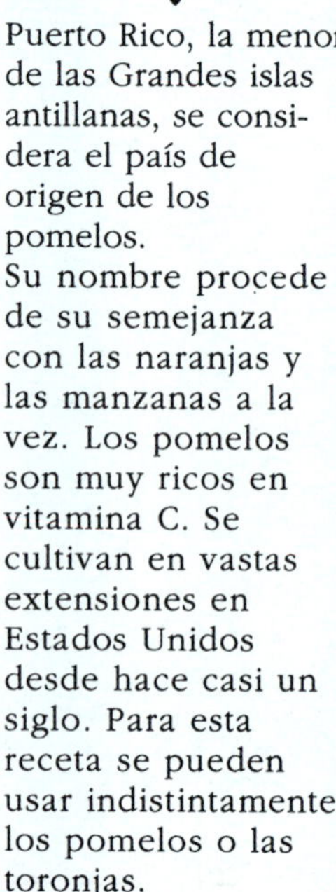

Puerto Rico, la menor de las Grandes islas antillanas, se considera el país de origen de los pomelos.
Su nombre procede de su semejanza con las naranjas y las manzanas a la vez. Los pomelos son muy ricos en vitamina C. Se cultivan en vastas extensiones en Estados Unidos desde hace casi un siglo. Para esta receta se pueden usar indistintamente los pomelos o las toronjas.

ENADINE

# CÓCTEL DE LECHE CON GRANADINA

## Cóctel de leche con granadina

*Tiempo:* 10 min.
*Raciones:* 1

**Ingredientes**

*1/8 de litro de leche,*
*1 bola de hielo al limón,*
*3 cl. de granadina,*
*1 cucharadita de zumo de limón,*
*1 cucharadita de azúcar.*

Se bate la leche, el hielo, la granadina, el zumo de limón y el azúcar en la batidora y se vierte esta mezcla en una copa grande. Se sirve con una pajita después de las comidas.

❖

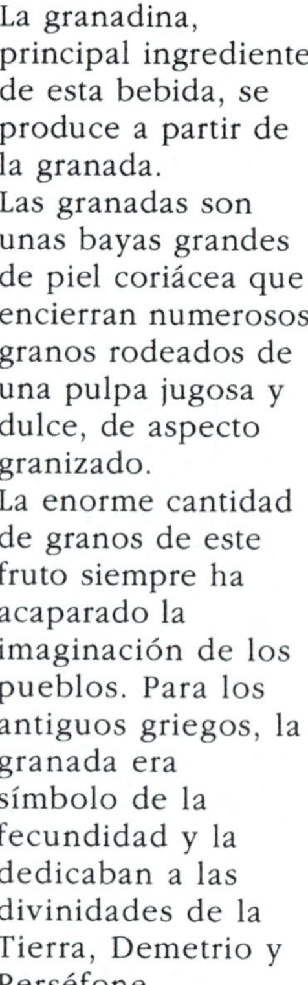

La granadina, principal ingrediente de esta bebida, se produce a partir de la granada.
Las granadas son unas bayas grandes de piel coriácea que encierran numerosos granos rodeados de una pulpa jugosa y dulce, de aspecto granizado.
La enorme cantidad de granos de este fruto siempre ha acaparado la imaginación de los pueblos. Para los antiguos griegos, la granada era símbolo de la fecundidad y la dedicaban a las divinidades de la Tierra, Demetrio y Perséfone.

# HORCHATA DE MELÓN

## Horchata de melón

*Tiempo:* 15 min.
*Raciones:* 1

**Ingredientes**

*200 gr. de pulpa de melón o de sandía,*
*1 cucharadita de azúcar,*
*1 cucharadita de zumo de limón,*
*1/8 de litro de agua,*
*cubitos de hielo.*

Se pasa la pulpa del melón o de la sandía por la batidora, se añaden el azúcar y el zumo de limón y se deslíe con el 1/8 de litro de agua (la cantidad en función de la variedad de melón y la cantidad de zumo). Se mete en el refrigerador. Se sirve en una copa grande de cóctel con cubitos. Este refresco tiene mucho éxito durante todo el día.

❖

Una gran tajada de melón o de sandía permite preparar rápidamente una bebida refrescante. Uno o dos vasos de esta bebida preparada a partir de cada clase de melón convertirán la mesa de la reunión en un verdadero placer a los ojos, sobre todo si se añaden grandes cubitos de hielo conteniendo flores surtidas.

# CAFÉ IRLANDÉS

## Café Irlandés

*Tiempo:* 10 min.
*Raciones:* 1

**Ingredientes**

1 *cucharadita de azúcar rosado,*
6 *cl. de whisky,*
1 *taza de café fuerte, caliente.*

Para decorar:

2 *cucharadas soperas de nata batida y azucarada,*
1/2 *cucharadita de azúcar en grano.*

Se echa el azúcar en un vaso previamente calentado, se añade el whisky y se llena con el café caliente. Se remueve hasta que el azúcar se haya diluido completamente y se decora con la nata batida.

A esta receta típicamente irlandesa puede efectuarse una original variante:

Se echan el azúcar y el whisky en un vaso refractario al calor, se hace girar encima de la llama, inclinándolo para que el whisky llegue al borde del vaso, se deja inflamar el licor y se apaga este «fuego» con el café. Se decora con nata batida y se salpica con granos de azúcar.

Sea cual sea la variante adoptada, esta receta es excelente para el término de una buena comida.

Irish Coffee

# MANGO ELDORADO

## Mango Eldorado

*Tiempo:* 15 min.
*Raciones:* 1

**Ingredientes**

1 *plátano pequeño y maduro,*
1 *cl. de licor de mango,*
2 *cl. de zumo de lima,*
4 *cl. de ron,*
*cubitos de hielo.*

Para decorar:
1 *rodaja de lima.*

Se reduce el plátano a puré en la batidora. Se echan los cubitos de hielo en la coctelera y luego el puré de plátano, el licor de mango, el zumo de lima y el ron. Se bate y se cuela a un vaso alto lleno hasta un tercio de cubitos. Se decora con la rodaja de lima. Se sirve por la tarde o por la noche.

Durante miles de años, el mango sólo creció en Asia del sur hasta que los portugueses lo exportaron de continente en continente, de la India a Africa, y finalmente de Africa a América del Sur.
Es un fruto con aspecto de manzana, que deben evitar las personas que quieran conservar la buena educación en la mesa, por ser excesivamente jugoso.

# JULEPE DE MENTA

## Julepe de menta

*Tiempo:* 15 min.
*Raciones:* 1

**Ingredientes**
- 2 *ramitas de menta velluda,*
- 2 *cucharaditas de azúcar o almíbar,*
- 2 *chorros de angostura,*
- *champán,*
- *hielo machacado.*

Para decorar:
- 1 *ramita de menta,*
- *guindas.*

Se pone la menta en un vaso grande y se salpica con azúcar. Se aplasta con ayuda de una cuchara para extraerle el jugo y se tiran las ramitas. Se llena el vaso hasta un tercio con hielo machacado, se agrega la angostura y se completa con champán. Se decora con una hoja de menta y las guindas. Se sirve con una pajita, como aperitivo o después de comer.

❖

Los julepes son bebidas largas del sur de Estados Unidos. Evocan las bellas y blancas residencias coloniales de Virginia. La menta, a ser posible la menta velluda, es un elemento indispensable. Se halla en todas las estaciones en los mercados o comercios especializados. También se puede cultivar fácilmente en casa, en el jardín o el balcón.

# MOJITO

## Mojito

*Tiempo:* 20 min.
*Raciones:* 1

**Ingredientes**

*1 cucharadita de azúcar,*
*3 hojas de menta,*
*el zumo de 1/2 lima,*
*4,5 cl. de ron blanco,*
*2 cucharadas soperas de hielo a pajuelas,*
*1 brizna de menta,*
*3 cl. de vino espumoso,*
*agua gaseosa.*

Para decorar:
*una rodaja de lima.*

Se mezclan el azúcar, las hojas de menta y el zumo de lima en un vaso grande. Se agrega el ron y el hielo, y se agita bien. Se dispone la brizna de menta, se añade el vino espumoso y se completa con el agua gaseosa. Se decora con la rodaja de lima. El Mojito se toma por la tarde o por la noche.

❖

Fue a comienzos de este siglo cuando se inventó esta variante del Daiquiri en la Bodeguita del Medio, en La Habana. La Bodeguita, con sus paredes decoradas con viejas fotos y tarjetas postales, todavía existe hoy día. Allí viven los recuerdos del pasado, especialmente el de Ernst Hemingway, que degustaba allí su Mojito antes de ir al célebre restaurante La Floridata, donde pasaba todas las veladas.

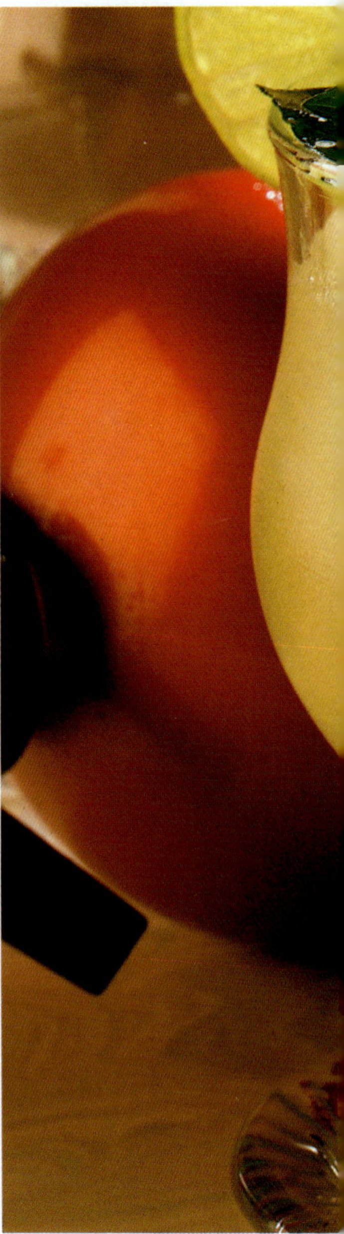

# PIÑA COLADA

## Piña colada

*Tiempo:* 10 min.
*Raciones:* 1

**Ingredientes**
*5 cl. de ron blanco,*
*5 cl. de zumo de piña tropical,*
*2 cl. de nata fresca,*
*2 cl. de crema de coco,*
*pajitas de hielo.*

Se echa una parte del hielo en la coctelera, se vierte el ron, el zumo de piña, la nata y la crema de coco. Se bate vigorosamente y se vierte la mezcla en un vaso alto, lleno hasta un tercio con pajuelas de hielo. Se sirve al momento con 1-2 pajitas. La Piña Colada se consume por la tarde o la noche.

❖

Quien ha bebido una sola vez en el Caribe una Piña Colada y desea encontrar de nuevo este sabor en Europa, se verá hondamente decepcionado. Muy a menudo, la receta se estropea, sin contar las dificultades para obtener pajuelas de hielo. No sólo es difícil hallar un bloque de hielo, sino que hay que tener la paciencia de rasparlo firmemente en pajuelas.

# PISCO SOUR

## Pisco sour

*Tiempo:* 15 min.
*Raciones:* 1

**Ingredientes**
*3 cl. de pisco,*
*2 cl. de zumo de limón,*
*una pizca de angostura,*
*hielo frapé.*

Para decorar:
*una rodaja de limón.*

Se echa el hielo frapé en la coctelera, se vierte el pisco, el zumo de limón y la pizca de angostura. Se agita hasta que la coctelera se recubra de vaho y se cuela a un vaso para whisky. Se decora con las rodajas de limón.
Se puede proponer el Pisco Sour como aperitivo y en otro momento cualquiera del día.

❖

El pisco, vendido en botellas cuya forma es la réplica exacta de los antiguos frascos peruanos, es un aguardiente obtenido por la destilación del vino de Muscat, del valle de Ica, cerca del puerto del Pisco en el Pacífico. El licor se conserva hasta us madurez en recipientes de barro cocido que le permiten seguir claro y límpido. Sólo entonces se trasvasa a su botella original.

# SANGRÍA

## Sangría

*Tiempo:* 80 min.
*Raciones:* 4

**Ingredientes**

*2 naranjas,*
*1 limón,*
*1-2 peras,*
*2 melocotones,*
*100 gr. de cerezas,*
*1 litro de vino tinto,*
*1/2 bastón de canela,*
*1/2 corteza de naranja y limón ralladas,*
*1 cucharadita de azúcar,*
*1/8 de litro de coñac,*
*1/4 de litro de agua gaseosa,*
*cubitos de hielo.*

Se pelan las frutas, se cortan las naranjas y los limones a rodajas, las peras y los melocotones a cuartos, y se coloca todo en una jarra de sangría, con las cerezas deshuesadas. Se recubre con el fino, se añade la canela, las cortezas de naranja y limón, y se deja en reposo una hora. Se endulza a discreción, se le vierte el coñac y se completa con el agua gaseosa helada. Se agregan los cubitos de hielo antes de servir. La sangría se bebe muy fresca por la tarde o por la noche.

❖

Cristóbal Colón, que preparaba su último viaje a América, embarcó caña de azúcar de Madeira, que iba a permitir la fabricación del ron y su exportación a España. Hoy día, la sangría refresca al turista extranjero antes de aturdirle la cabeza.

# SARATOGA COOLER

## Saratoga cooler

*Tiempo:* 15 min.
*Raciones:* 1

**Ingredientes**

2 *cl. de gin,*
2 *cl. de vermut, seco,*
2 *cucharadas de bar de granadina,*
2 *cucharadas de bar de zumo de limón,*
*ginger ale,*
*cubitos de hielo.*

Se echan los cubitos en la coctelera, se vierte el gin, el vermut, la granadina y el zumo de limón, y se bate vigorosamente. Se cuela la mezcla a un vaso para whisky y se adiciona con el ginger ale helado. El Saratoga Cooler es agradable por la tarde o después de una comida.

❖

Los coolers, muy refrescantes, están vagamente emparentados con los fizz, aunque para su confección el jengibre se reemplace con el agua gaseosa. El ginger ale no existía en la época de la guerra de Independencia americana, pero se comprende que un camarero verdaderamente patriota no resistiese a la tentación de dar este nombre simbólico de Saratoga a un cooler.

# JEREZ SANGAREE

## Jerez sangaree

*Tiempo:* 10 min.
*Raciones:* 1

**Ingredientes**
6 *cl. de jerez seco (Fino),*
1 *cucharadita de almíbar,*
*agua helada,*
*hielo machacado.*

Para decorar:
*nuez moscada rallada.*

Se llena un vaso hasta un cuarto de hielo machacado. Se vierten el jerez y el azúcar y se agita bien. Se añade el agua helada, se salpica con un poco de nuez moscada rallada y se sirve con una pajita en verano, por la tarde o por la noche.

❖

Los sumilleros de Jerez de la Frontera dan pruebas de una destreza inimitable para verter el jerez en las copitas, que tienen forma de tulipán. Para que el vino de Andalucía desarrolle todo su bouquet, los sumilleros lo toman con una venencia, o taza de plata de mango largo y flexible, y dejan que un chorro de vino descrita una parábola hasta caer en la copa. Es un arte que exige «diez años de entrenamiento, una estrategia de estado mayor y la audacia de un acróbata circense».

# TEQUILA DE PUERTO VALLARTA

## Tequila de Puerto Vallarta

*Tiempo:* 15 min.
*Raciones:* 1

**Ingredientes**
*4 cl. de tequila,*
*1/2 cucharadita de zumo de lima,*
*1 cl. de granadina,*
*4 cl. de zumo de naranja exprimida,*
*hielo machacado.*

Para decorar:
*1 rodaja de lima.*

Se llena un gran vaso hasta un tercio con hielo machacado. Se añade el tequila, el zumo de lima y la granadina. Se deja reposar un minuto y se completa con el zumo de naranja. Se mezcla todo delicadamente y se decora con la rodaja de lima, sirviendo como bebida para antes o después de la comida.

❖

Cuando Hollywood descubrió la bahía de Mismaloya en México, el pintoresco puerto de pesca pudo despedirse de su sosiego. Esta larga bebida con tequila fue creada en la vivienda de Marlon Blando, el mismo día en que la Playa de los Muertos fue rebautizada como Playa Delicias, nombre que gustaba más a aquellas estrellas terrestres.

# MARGARITA

## Margarita

*Tiempo:* 20 min.
*Raciones:* 1

**Ingredientes**

*1 rodaja de limón verde,*
*un poco de sal,*
*4 cl. de tequila,*
*1 cl. de zumo de limón verde,*
*hielo frapé.*

Se pone un vaso de cóctel a enfriar en el refrigerador. Se hace un corte a la rodaja de limón y se coloca en el borde del vaso. Entonces, se hace girar el mismo y se pasa el borde así humedecido sobre un plato con sal, la cual debe adherirse y quedar repartida alrededor del vaso. Se llena la coctelera con los cubitos, el tequila, y el zumo de limón verde. Se agita breve pero firmemente y se vierte la mezcla, colándola, a un vaso de cóctel. Una Margarita se propone tanto como aperitivo como para después de comer.

❖

Quien ha estado una vez en México sabe que las mejores Margaritas se hallan en el bar «La Ópera». Esto lo sabía al parecer Pancho Villa, el célebre rebelde y Robin de los Bosques mexicano.

# ÍNDICE

# EQUIVALENCIAS LATINOAMERICANAS

**Aceituna:** oliva.
**Aguacate:** palta, avocado.
**Ajo:** chalote.
**Albaricoque:** damasco, chabacano.
**Albóndiga:** bodoque.
**Alcachofa:** alcací, alcuacil.
**Alcaparra:** cápara, tapara.
**Alubia:** habichuela.
**Apio:** arracacha, celeri.
**Azafrán**: bijol, brin.
**Bacalao:** abadejo.
**Berros:** balsamita.
**Boniato:** camote.
**Cacahuete**: maní.
**Calabaza:** auyuma, zapallo.
**Calabacín:** zapallito, zapallito italiano, zambo.
**Callos:** guatita, menudo, mondongo, pancita, vientre.
**Canapé:** pasabocas, pasapalos.
**Carne de vacuno:** res.
**Cerdo**: chancho, puerco.
**Cochinillo:** lechón.
**Col**: repollo, berza.
**Coliflor:** brécol.
**Coriandro:** cilantro.
**Champiñón:** seta.
**Chocolate:** cacao.
**Chuleta**: coteleta.
**Empanada:** llancha.
**Endivia**: escarola.
**Fécula de maíz:** maicena.
**Fécula de patata:** chuño.
**Fresa**: frutilla.
**Garbanzo:** mulato.
**Gelatina:** granetina.
**Guindilla:** chile, ají.
**Guisante**: arveja, chícharo.
**Hervir**: salcochar.
**Jamón:** pernil.
**Judía blanca:** poroto, frijol, faba.
**Judía verde:** chaucha, ejote, bajoca, poroto verde, vaina.
**Limón**: citrón.
**Maíz**: choclo, abatí, elote, cenancles.
**Manteca:** grasa.
**Mantequilla:** manteca.
**Manzana:** pero, perón.
**Mejillón:** chorito, choro.
**Melocotón:** durazno.
**Menta**: hierbabuena.
**Nabo**: cayocho.
**Nata:** crema batida, chantilly.
**Nata líquida**: crema de leche.
**Patata:** papa.
**Pato**: parro.
**Pavo**: guajolote, chuchimpe, chumpipe, mulito.
**Pimentón:** chile en polvo.
**Pimiento:** chile, ají, conguito, chilchote.
**Pimiento verde:** gualpe, poblano.
**Piña**: ananás.
**Plátano**: banana, cambur.
**Posta**: carne seca, cecina, tasajo, charqui.
**Puerro**: poro, porro, porrón.
**Puré de patata:** moloc, naco.
**Remolacha:** betabel, beterraga.
**Requesón:** ricota, queso blanco.
**Sofreír**: saltar.
**Solomillo:** lomo, lomito.
**Tocino:** murceo, panceta.
**Tomate:** jitomate.
**Uva pasa:** pasa de uva.